Inhalt

Branchenreport MEDIEN & VERLAGE - Ausgabe 2/2010

Kernthesen

Beitrag

Zahlen und Fakten

Weiterführende Literatur

Impressum

GENIOS BranchenWissen Nr. 11/2010 vom 30.11.2010

Branchenreport MEDIEN & VERLAGE - Ausgabe 2/2010

J.Kessler

Kernthesen

- Bei den deutschen Zeitungshäusern sinken Auflage und Umsatz.
- Im vergangenen Jahr waren die Vertriebserlöse erstmals höher als die Anzeigenerlöse.
- Dagegen zeichnet sich bei den Fernsehsendern eine Erholung ab.
- Einzig der Bezahlsender Sky Deutschland steckt weiter in der Krise.
- Von der Erholung der Werbekonjunktur profitieren vor allem die Online- und TV-Anbieter.

Beitrag

Die Zeitungen und Zeitschriften in Deutschland

Die Zeitungs- und Zeitschriftenverleger befinden sich in einer Strukturkrise. Seit Jahren sinken die Auflagen, die Anzeigenerlöse gehen zurück. 2009 betrug der Umsatz der Zeitungsverleger 8,46 Milliarden Euro, das waren sieben Prozent weniger als 2008. Grund dafür war der Einbruch der Anzeigenumsätze um 15,9 Prozent auf 3,9 Milliarden Euro. Dadurch waren die Vertriebserlöse mit 4,47 Milliarden Euro erstmals höher als die Werbeeinnahmen. Dieser Trend hat sich zu Jahresbeginn fortgesetzt. Von Januar bis Mai wurden 8,3 Prozent weniger Anzeigen geschaltet als in den ersten fünf Monaten 2009. Auch die Auflage schrumpft weiter: Im ersten Quartal ging sie um 2,7 Prozent auf 24,7 Millionen pro Erscheinungstag zurück. Dagegen dürfte bei den Zeitschriftenverlagen in diesem Jahr der Umsatz um rund ein Prozent auf 6,9 Milliarden Euro zulegen. 2011 sollen es dann sieben Milliarden Euro sein. 2008 hatten die Zeitschriftenverleger aber noch 7,6 Milliarden Euro erlöst. (1), (2)

Die Entwicklung ausgewählter Verlage, Zeitungen und Zeitschriften

Der größte europäische Medienkonzern Bertelsmann befindet sich dank einer starken Werbekonjunktur wieder im Aufwind. In den ersten neun Monaten stieg der Umsatz um 3,5 Prozent auf elf Milliarden Euro, der Gewinn vor Zinsen und Steuern um 34 Prozent auf 1,02 Milliarden Euro. Die Umsatzrendite soll 2010 rund zehn Prozent betragen. Die guten Zahlen verdankt Bertelsmann zum großen Teil der Tochter RTL Group. Zu Bertelsmann gehören außerdem der Zeitschriftenverlag Gruner + Jahr, die Verlagsgruppe Random House, der Dienstleister Arvato sowie die Buchklubs. Konzernchef Hartmut Ostrowski hält trotz der Erholung an seinem Sparkurs fest. Diesem fielen binnen eines Jahres fast 1 600 Arbeitsplätze zum Opfer. Die Nettofinanzschulden gingen um 161 Millionen auf 2,63 Milliarden Euro zurück. (3)

Die WAZ Mediengruppe gilt als einer der rentabelsten und kapitalkräftigsten deutschen Großverlage. Hauptblatt des Verlags ist die "Westdeutsche Allgemeine Zeitung". Im Ruhrgebiet gehören ihr noch die "Neue Ruhr/Rhein Zeitung", die "Westfalenpost" und die "Westfälische Rundschau".

Ferner ist die WAZ stark in Osteuropa vertreten. Allerdings läuft es dort zurzeit nicht wie geplant. Deswegen wollen sich die Essener aus Serbien und Rumänien zurückziehen. Grund sind die "Verflechtungen zwischen Oligarchen und der politischen Macht". Zudem plant der Konzern das Zeitungsgeschäft in Ungarn abzustoßen. Auf vielen Märkten Osteuropas gehen die Werbeeinnahmen deutlich zurück. (5), (6)

Deutschlands größter Zeitungsverlag Axel Springer ("Bild", "Welt") hat in den ersten neun Monaten 2010 den Umsatz um zehn Prozent auf 2,1 Milliarden Euro gesteigert. Im Gesamtjahr will der Konzern ein Betriebsergebnis in der Größenordnung des Rekordwerts von 2008 erreichen. Dieses bezifferte sich damals auf 486 Millionen Euro. In den ersten neun Monaten hat man bereits 385,8 Millionen Euro erreicht, ein Plus von 45,9 Prozent. Wachstumsmotor des Konzerns sind das Internetgeschäft und die Auslandsmärkte. Der Bereich Digitale Medien verzeichnete ein Umsatzplus von 62,2 Prozent auf 504,3 Millionen Euro. Verantwortlich dafür waren die Akquisitionen der Jobbörse StepStone sowie des Unternehmens Digital Window. (7)

Derweil wurde beim DuMont-Verlag der Verlagserbe Konstantin Neven DuMont als Herausgeber und Vorstand abberufen. Grund war das Zerwürfnis mit seinem Vater und Konzernpatriarch Alfred Neven

DuMont. Deshalb will der Sohn nun seinen Verlagsanteil von sieben Prozent verkaufen. Der DuMont-Verlag kommt auf einen Jahresumsatz von mehr als 700 Millionen Euro. Wegen sinkender Anzeigenerlöse betrug der Gewinn im vergangenen Jahr nur noch 463 000 Euro, nach fast 13 Millionen Euro 2008. Für 2010 werden in allen Unternehmensbereichen nochmals niedrigere Ergebnisse erwartet. Größtes Sorgenkind ist die "Frankfurter Rundschau", die an Auflage verliert und rote Zahlen schreibt. Zu dem Verlag gehören ferner die Kölner Zeitungen "Stadt-Anzeiger", "Kölnische Rundschau" und "Express", die "Mitteldeutsche Zeitung", die "Berliner Zeitung" und die "Hamburger Morgenpost". (8), [Abb. 1]

Die privaten Fernsehsender

In der Wirtschaftskrise sind auch bei den Fernsehsendern die Werbeeinnahmen deutlich gefallen. Doch seit Jahresbeginn geht es wieder bergauf. Die RTL Group, Europas größter Fernseh- und Radiokonzern, hat im dritten Quartal 2010 den Gewinn vor Zinsen, Steuern und Abschreibungen um 48 Prozent auf 133 Millionen Euro gesteigert. Die Erlöse wuchsen um knapp neun Prozent auf 1,16 Milliarden Euro. Der Sender profitiert überdurchschnittlich von der guten Entwicklung des

Werbemarktes in Deutschland, Frankreich und Benelux. Die RTL Group mit ihren 45 Fernseh- und 31 Radiosendern in elf Ländern gehört zu über neunzig Prozent Bertelsmann. (3)

Auch die Sendergruppe ProSiebenSat.1, zu der auch noch Kabel 1 und 9live gehören, befindet sich wieder im Aufwind. Wegen eines erwartet starken Weihnachtsgeschäfts hat Konzernchef Thomas Ebeling die Prognose für das bereinigte operative Ergebnis auf mindestens 850 Millionen Euro erhöht. Die bisherige Zielmarke lag bei 800 Millionen Euro. Die Erlöse legten in den ersten neun Monaten 2010 um knapp neun Prozent auf 2,1 Milliarden Euro zu. Insbesondere der Werbezeitenverkauf im deutschsprachigen Markt floriert. Die Netto-Finanzverbindlichkeiten konnten gegenüber dem Vorjahresstichtag um 251 Millionen auf knapp 3,3 Milliarden Euro zurückgeführt werden. Die Mehrheitseigner von ProSiebenSat.1, die Finanzinvestoren Permira und KKR, hatten dem Konzern einen Schuldenberg von 3,85 Milliarden Euro aufgebürdet. Zur Entlastung hat ProSiebenSat.1 vor einigen Monaten den Nachrichtensender N24 verkauft. (9)

Der Bezahlsender Sky Deutschland, ehemals Premiere, kommt nicht aus den negativen Schlagzeilen heraus. So hat die Bundesanstalt für Finanzdienstleistungsaufsicht (BaFin) den

Jahresabschluss 2007 sowie den Halbjahresbericht 2008 als fehlerhaft gerügt. Die Abonnentenzahlen seien zu hoch ausgewiesen worden. Ferner habe man nicht oder nur unzureichend über bestehende Risiken und finanzielle Verpflichtungen informiert. Sky Deutschland hat 2,48 Millionen Abonnenten. Um rentabel zu wirtschaften, müssten es aber drei Millionen sein. 2010 wird der Sender vor Steuern, Zinsen und Abschreibungen ein Verlust von 170 Millionen Euro einfahren. Nun hofft man auf die verstärkte Zusammenarbeit mit Kabelnetzbetreibern. (10), (12)

Die öffentlich-rechtlichen Sender

Charakteristisch für Deutschland ist die starke Stellung des Gebühren finanzierten öffentlich-rechtlichen Rundfunksystems. Dieses umfasst die föderal gegliederte Arbeitsgemeinschaft der Rundfunkanstalten der Bundesrepublik Deutschland (ARD) sowie das zentral organisierte Zweite Deutsche Fernsehen (ZDF). Während die ARD das Erste Fernsehprogramm, die Dritten Programme sowie zahlreiche Hörfunkangebote betreibt, ist das ZDF ausschließlich im Fernsehen engagiert. Die Gebühreneinnahmen bezifferten sich zuletzt auf 7,3 Milliarden Euro. Zurzeit rebelliert die deutsche Wirtschaft gegen die geplante Reform der

Rundfunkgebühren. Sie warnt vor steigenden Kosten. Die Pläne sehen vor, statt der bisherigen geräteabhängigen Gebühr eine Abgabe zu erheben, die pro Haushalt fällig wird. Belastbare Zahlen, ob ARD und ZDF künftig mehr oder weniger Einnahmen haben, gibt es bislang nicht. (11), [Abb. 2]

Die Filmbranche

Der Kinomarkt war der Bereich der Filmindustrie, der trotz Krise geboomt hat. In Deutschland wuchs der Markt im vergangenen Jahr um 23 Prozent auf 974 Millionen Euro. Allerdings ist das Kino für die Filmindustrie nicht die Haupteinnahmequelle. Mehr als drei Viertel ihrer Erlöse erzielt die Branche mit Produktion, Handel und Weiterverwertung von Filmen. Beispielhaft dafür steht die Entwicklung der Constantin Medien AG. Deren Umsatz lag im ersten Halbjahr 2010 mit knapp 202 Millionen Euro über elf Prozent im Minus. Vor allem die Filmsparte mit Constantin Film und das Sportsegment mit dem Spartenkanal Sport1 und dem TV-Dienstleister Plaza Media mussten Einbrüche verkraften. Für das Gesamtjahr wird ein Konzernverlust zwischen zwölf Millionen und 14 Millionen Euro erwartet. (13)

Medien und Zeitungen

international

Weltweit steckt die Medienbranche in der Krise. Besonders prekär ist die Situation in den USA. Die Zeitungsauflagen sinken stetig. Nur noch vier von zehn Amerikanern lesen die gedruckte Zeitung. Schon vor Ausbruch der Finanzkrise bröckelten die Werbeerlöse. Dies erklärt die hohe Zahl von Titeleinstellungen und Insolvenzen auf dem US-Zeitungsmarkt. Deswegen treibt die New York Times Company ihre Online-Expansion voran. 16 Prozent der Gesamterlöse des Verlagshauses stammen bereits aus Onlinewerbung. Zudem wird ab 2011 die mit monatlich knapp 44 Millionen Nutzern erfolgreichste Nachrichtenseite der USA, NYT.com, kostenpflichtig. (4)

Der weltgrößte Medienkonzern Time Warner hat im dritten Quartal 2010 einen Gewinneinbruch von 21 Prozent hinnehmen müssen. Grund waren Sondereffekte wie ein Schuldenrückkauf. Operativ schreibt der US-Konzern schwarze Zahlen. Die Gewinnprognose korrigierte das Unternehmen zuletzt nach oben. (17)

Wegen der Konkurrenz durch das Internet verliert auch in Europa die Medienwirtschaft an Boden. In den ersten neun Monaten 2010 stagnierten bei den meisten Zeitungs- und Zeitschriftenkonzernen die Umsätze, während die Gewinne aufgrund von

Sparmaßnahmen zulegten. Bei der französischen Lagardère-Gruppe dürfte der Gewinn 2010 leicht zurückgehen, der Umsatz aber auf Vorjahresniveau bleiben. Über ein Prozent mehr Erlös und die Rückkehr in die Gewinnzone erwartet die italienische RCS-Gruppe, zu der die Zeitung "Corriere della Sera" gehört. Dagegen bleibt die spanische Grupo Prisa mit dem Flaggschiff "El País" beim Umsatz fünf Prozent unter dem Vorjahr, ähnlich sieht die Gewinnsituation aus. Derweil hat in Großbritannien die Verlagsgruppe Pearson ihre Gewinnprognose für 2010 angehoben. Zu dem Konzern gehört der weltweit zweitgrößte Buchverlag Penguin Books sowie die Wirtschaftszeitung "Financial Times". (15), (16), [Abb. 3]

Trends

Die Werbekonjunktur erholt sich

Die Erholung auf dem Werbemarkt schreitet schneller voran als erwartet. In diesem Jahr dürften die weltweiten Werbeausgaben um 4,8 Prozent auf knapp 450 Milliarden Dollar beziehungsweise 320 Milliarden Euro steigen. In Deutschland werden die Zuwächse 2010 voraussichtlich 2,4 Prozent und 2011 etwa 2,8 Prozent betragen. Allerdings wächst die

Kluft zwischen den Mediengattungen: Während die Ausgaben für Onlinewerbung um 16,1 Prozent und für TV-Spots um rund sechs Prozent zulegen, verzeichnen Zeitungen, Zeitschriften und Hörfunk Rückgänge zwischen 2,1 und 2,6 Prozent. Damit gehen Internet und TV gestärkt aus der Krise hervor. Die beiden Gattungen ergänzen sich besonders gut. So kann das Fernsehen mit seinen Online-Inhalten mehr Emotionalität schaffen. Experten raten den Printverlagen, den wachsenden Markt für digitale Lesegeräte zu besetzen. (18)

Filmindustrie wird von Raubkopierern heimgesucht

Illegale Downloads bedrohen die Geschäftsmodelle vieler Medienunternehmen. In jüngster Zeit sind allerdings unterschiedliche Trends zu beobachten. Während bei den Musikdownloads seit 2005 die Zahl der illegalen Downloads um mehr als ein Drittel zurückgegangen ist, steigt die Zahl im Internet angebotener Filme sprunghaft an. 2009 waren es rund 526 000, ein Plus von 58 Prozent im Vergleich zum Vorjahr. Noch größer ist der Zuwachs bei den Streaming-Angeboten, wo der Film zwar wiedergegeben aber nicht dauerhaft auf der Festplatte des Nutzers gespeichert wird. Zwar lassen sich die Statistiken nicht miteinander vergleichen, doch der Trend ist klar: Die Deutschen interessieren sich zunehmend für illegale Filme und weniger für illegale Musik. (14)

Zahlen & Fakten

Abbildung 1: Die Top 10 der deutschen Verlage

Verlag	Umsatz 2009 in Milliarden Euro
Axel Springer	2.612
Gruner + Jahr	2.508
Verlagsgruppe Georg von Holtzbrinck	2.358
Bauer Media	2.060
Verlagsgruppe Weltbild	1.653
Hubert Burda Media Holding	1.587
WAZ Gruppe	1.290
Medien Union	1.050
Südwestdeutsche Medien Holding	0.905
Springer Science + Business Media	0.857

Quelle: Horizont, 39/2010, S. 14 Entnommen aus: FAKT Markt- und Wirtschaftsinformationen (19)

Abbildung 2: Die öffentlich-rechtlichen Sender

Sender	Umsatz 2009 in Milliarden Euro
ZDF	2,04
Westdeutscher Rundfunk	1,35
Norddeutscher Rundfunk	1,19
Südwestrundfunk	1,17
Bayerischer Rundfunk	1,01
Mitteldeutscher Rundfunk	0,68
Hessischer Rundfunk	0,49

Quelle: Deutsche Post DHL Entnommen aus: FAKT Markt- und Wirtschaftsinformationen (20)

Abbildung 3: Die Top Zeitungsmärkte weltweit

Land	Auflage 2009 in Millionen	Titelanzahl
Indien	110	2.700
China	109	1.000
Japan	50	109
USA	46	1.400
Deutschland	20	357

Großbritannien	14	104
Südkorea	13	300
Brasilien	8	670

Quelle: Weltverband der Zeitungen und Nachrichtenmedien (WAN-IFRA), World Press Trends (WPT) Entnommen aus: FAKT Markt- und Wirtschaftsinformationen (21)

Weiterführende Literatur

(1) Zeitungshäuser hoffen auf das I-Pad
aus Stuttgarter Zeitung, 14.07.2010, S. 14

(2) Zeitschriftenverlage auf Erholungskurs
aus "Horizont" Nr. 44/10 vom 05.11.2010 Seite: 24

(3) Bertelsmann knüpft an gute Zeiten an
aus Handelsblatt Nr. 220 vom 12.11.2010 Seite 31

(4) New York Times zieht Geld aus dem Netz
Medienkonzern erzielt 16 Prozent der Erlöse aus Onlinegeschäft // Verlagschefin Robinson widerspricht deutschen Verlegern
aus Financial Times Deutschland vom 08.10.2010, Seite 7

(5) Osteuropa: WAZ packt ein, Styria bleibt

aus Financial Times Deutschland vom 08.10.2010, Seite 7

(6) WAZ sondiert Verkauf des Zeitungsgeschäfts in Ungarn
aus werben & verkaufen Nr. 31 vom 05.08.2010, S. 8

(7) Axel Springer wächst kräftig im Ausland und im Internet
aus Hamburger Abendblatt, 11.11.2010, Nr. 264, S. 28

(8) DuMont verklagt Springer
aus Stuttgarter Zeitung, 23.11.2010, S. 27

(9) ProSiebenSat.1 legt Latte höher Prognose erneut hoch - Mindestens 850 Mill. Euro beim bereinigten Ergebnis
aus Börsen-Zeitung, 12.11.2010, Nummer 219, Seite 13

(10) Sky Deutschland: BaFin hält Jahresabschluss und Konzernabschluss 2007 für fehlerhaft
aus Börsen-Zeitung, 12.11.2010, Nummer 219, Seite 13

(11) Firmen wettern gegen TV-Gebühr Öffentlich-rechtliche Sender werfen Kritikern der Haushaltsabgabe falsche Rechnungen vor
aus Financial Times Deutschland vom 12.10.2010, Seite 8

(12) Kampf um die Kunden AKTIE Der Aktienkurs des Medienkonzerns Sky Deutschland lugt wieder über 1 Euro. Konzernnachbar Pro Sieben Sat 1 Media startete bei dieser Marke eine grandiose Rally.

Kommt es zu einer Wiederholung?
aus Börse online vom 11.11.2010, Seite 40

(13) Leo Kirchs Emperium Filmriss bei Constantin Medien
aus HANDELSBLATT online 25.08.2010 17:50:40

(14) Piraten sehen lieber fern
aus DIE WELT, 29.10.2010, Nr. 253, S. 12

(15) Verleger verspüren Aufwärtstrend
aus Der Kontakter Nr. 46 vom 15.11.2010, S. 28

(16) Pearson erwartet höheren Gewinn Dienstleistungen und Schwellenmärkte treiben Verlagskonzern an
aus Börsen-Zeitung, 26.10.2010, Nummer 206, Seite 11

(17) Time Warner mit mehr Werbung
aus Neue Zürcher Zeitung 04.11.2010, Nr. 257, S. 31

(18) Kluft im Medienmarkt wächst TV und Internet profitieren von steigenden Werbeerlösen
aus Financial Times Deutschland vom 18.10.2010, Seite 3

(19) D: Top 16 Medienunternehmen, Top 20 Verlage 2009
aus Horizont, 39/2010, S. 14

(20) D: Top 20 Fernsehsender 2009
aus Horizont, 39/2010, S. 14

(21) International: Top 8 Zeitungsmärkte 2009

aus Kontakter, 32/2010, S. 28

Impressum

Branchenreport MEDIEN & VERLAGE - Ausgabe 2/2010

Bibliografische Information der deutschen Nationalbibliothek

Die Deutsche Nationalbibliothek verzeichnet diese Publikation in der deutschen Nationalbibliografie; detaillierte bibliografische Daten sind im Internet über http://dnb.d-nb.de abrufbar.

ISBN: 978-3-7379-1905-0

© 2015 GBI-Genios Deutsche Wirtschaftsdatenbank GmbH, Freischützstraße 96, 81927 München, www.genios.de

Alle Rechte vorbehalten. Dieses Werk ist einschließlich aller seiner Teile – z.B. Texte, Tabellen und Grafiken - urheberrechtlich geschützt. Jede Verwertung außerhalb der Grenzen des Urheberrechtsgesetzes bedarf der vorherigen Zustimmung des Verlags. Dies gilt insbesondere auch für auszugsweise Nachdrucke, fotomechanische Vervielfältigungen (Fotokopie/Mikroskopie), Übersetzungen, Auswertungen durch Datenbanken oder ähnliche Einrichtungen und die Einspeicherung und Verarbeitung in elektronischen Systemen.